AF239863

Politisk retorik

i USA og Danmark i 1960'erne

Indholdsfortegnelse

2

Indledning

Vi kender alle den stærke følelse det giver, når en god taler udfolder sig - hvordan man for en stund bliver fortryllet af ordenes kraft. Talens videnskab – retorikken – blev allerede brugt i antikkens Grækenland, og selv om vi i dag er 2500 år længere fremme i tiden, bliver vi stadig lige forundrede over ordets magi.

I nyere tid er det specielt politik og politiske taler der har båret præg af retorikkens værktøjer, og i 1960'erne kunne man næsten tale om en guldalder. Der er ingen tvivl om at god retorik virker, men hvad er god retorik i realiteten og hvordan blev den brugt i denne periode? Har eftertiden båret præg af 1960'ernes taler, og hvordan ser de politiske taler ud i dag?

For at undersøge dette laves en sammenhængende analyse af argumentation og retorik i 5 udvalgte politiske taler af John F. Kennedy, Martin Luther King, Jens Otto Krag og Aksel Larsen. I forlængelse af analysen vil der være en diskussion af talernes evne til at formidle deres budskaber, og de enkelte talers betydning for eftertiden vil blive vurderet. Udover dette vil der blive perspektiveret til konkrete eksempler på moderne politisk retorik og argumentation.

3

I dette arbejde har jeg så vidt muligt valgt at bruge taler der henvender sig til en folkemængde, og ikke til, eksempelvis, et folketing eller en kongres. Dette har jeg gjort for at få nogle taler der både kan sammenlignes, og som - for det meste er - anderledes og mere frie i deres form. Dette har ladet sig gøre uden problemer undtaget talen af Aksel Larsen. Jeg har i det tilfælde måttet gøre mig tilfreds med en tale der henvender sig til 164 repræsentanter ved SF's stiftende landsmøde. Dette har jeg valgt da jeg havde denne tale i bogform, og hverken SF eller Arbejderbevægelsens Arkiver kunne skaffe mig en anden tale, da Aksel Larsens arkiv ligger på Rigsarkivet, hvor jeg ikke havde mulighed for at tage over i skrivende stund.

"Inaugural Address"

John F. Kennedy, 20. januar 1961.

Denne tale var John F. Kennedys første og eneste

tiltrædelsestale. Den blev holdt på et tidspunkt hvor USA havde

problemer på mange fronter. Den kommunistiske trussel

befandt sig ikke længere bare på østsiden af jerntæppet, men

var kommet tættere på. Så tæt på som Cuba hvor Fidel Castro

fandt støtte og alliance hos Sovjetunionen. På verdensplan var

der hungersnød og fattigdom, og internt i USA var der blandt

andet høj arbejdsløshed. John F. Kennedy holdt en tale der

skulle få alle amerikanerne til at holde sammen og gøre en

indsats. En indsats for deres land, en indsats for hele verden og

derved også en indsats for dem selv.

En tiltrædelsestale har primært to opgaver for den nyudråbte

præsident. Han skal lægge en linje for landets kommende politik,

og han skal prøve at skabe fælles opbakning til denne politik fra

hele befolkningen. Da præsident Kennedy allerede på dette

tidspunkt har et stort etos hos størstedelen af amerikanerne,

blev det i denne tale mere et spørgsmål om at opretholde det på

daværende niveau. Dette gør han ved at indsætte patosappeller

der rammer amerikanerne det sted i hjertet der indbyder til

sammenhold. Her kan det nævnes at Gud bliver nævnt i starten

af talen, men det er mere reglen end undtagelsen i de

5

amerikanske tiltrædelsestaler, så det behøver man ikke at sætte så højt. Til gengæld er næste afsnit interessant i denne sammenhæng:

*"We dare not forget today that we are the **heirs** of that first revolution. Let the word go forth from this time and place, to friend and foe alike, that the torch has been passed on to a new generation of Americans – born in this century, tempered by war, disciplined by a hard and bitter peace, **proud of our ancient heritage,** and unwilling to witness or permit the slow undoing of those human rights to **which this nation always has been committed,** and to which we are committed today at home and around the world."[1]*

Her spiller Kennedy direkte på den store patriotisme som amerikanere har. Kærligheden til fædrelandet, og forfædrene, betyder meget for amerikanerne så derfor er disse appeller nyttige. Lige nedenunder er det frihedsidealet han bruger som appel, idet han siger at amerikanerne sammen skal løfte byrderne for at sikre *"... the survival and the succes of liberty."*[2]

Det næste stykke af talen er den hvor han fortæller om den politik der skal føres, og det er først hen imod slutningen at der igen bliver sat fokus på den enkelte amerikaner. Og efter den politiske del bliver der igen brugt nøgleord som virker specielt godt på den amerikanske mentalitet. Han kommer i tre afsnit ind

---

[1] IA fjerde afsnit fra oven

[2] IA femte afsnit fra oven

6

på, hvordan amerikanernes **loyalitet** har bevirket at gravene fra unge amerikanere ligger spredt på hele jorden. Nu hidkalder trompeten igen amerikanerne til dåd - denne gang er det ikke bare til normal krig – men "... *a struggle against the common enemies of man: tyranny, poverty, disease, and war itself"*[3]. Og denne opgave bliver amerikanerne nødt til at løse i fællesskab. Dette henviser til det sidste eksempel, og nok det mest kendte i denne tale, hvad angår appeller til befolkningen. Sætningen lyder:

"And so, my fellow Americans, ask not what your country can do for you; ask what you can do for your country."[4]

Udover at denne sætning er fællesnævneren for alle appellerne til amerikanerne, er den også godt lavet rent retorisk. Her gør John F. Kennedy brug af et retorisk værktøj der hedder en kiasme, som der bliver beskrevet i bogen Praktisk Retorik: *"Det er et udtryk i to led som man spejlvender ifølge formen A-B, B-A."*[5] I denne sammenhæng henviser forfatteren Kurt Johannessen til ovenstående citat af Kennedy, og kalder i øvrigt

---

[3] IA sjette afsnit fra bunden

[4] IA tredje afsnit fra bunden

[5] PR side 95 nederst

kiasmen for det virkelige glansnummer i forbindelse med retoriske værktøjer.

Som sagt omhandler den midterste del af talen den politik som vil præge den næste periode. Og siden dette er vigtigt i tiltrædelsestalen fylder det også meget. Indholdsmæssigt handler det ganske simpelt om den kolde krig, og John F. Kennedys ønske om fred i denne sammenhæng, men retorisk er den imidlertid ganske spændende. Der bliver gjort stort brug af anaforer og første eksempel kommer tidligt da præsidenten remser op hvad Amerika vil forpligte sig til på verdensplan. Her bliver punkterne begyndt med "To those" 4 gange, samt en enkelt gang med "To our" og "To that". På denne måde bliver stykket meget mere synligt, og har en større effekt. Den næste gang med tydelig brug af en anafor kommer i et stykke hvor præsidenten søger fred med Sovjetunionen. Sætningen der sætter gang i anaforen lyder således og er i sig selv retorisk glimrende med endnu et eksempel på en kiasme:

"So let us begin anew – remembering on both sides that civility is not a sign of weakness, and sincerity is always subject to proof. **Let us never negotiate out of fear, but let us never fear to negotiate.***"[6]*

---

[6] IA midten af talen

8

Herefter kommer der en opridsning af hvad Sovjetunionen og

USA burde gøre i stedet for at føre en kold krig, og her bliver

hvert punkt begyndt med *"Let both sides"*.

Da denne tale er normalt inddelt har den også en indledning

og en afslutning. I starten skrev jeg at brugen af Gud ikke var

noget specielt, men det er den imidlertid når man når til

afslutningen. Her bliver Gud nemlig igen nævnt i den afsluttende

sætning:

*"With a good conscience our only sure reward, with history the
final judge of our deeds, let us go forth to lead the land we love,
asking His blessing and His help, but knowing that here on earth
God's work must truly be our own."[7]*

Her bliver det sagt lige ud at det hårde arbejde amerikanerne

har gjort – og skal i gang med at lave – bliver hjulpet af Gud, som

præsidenten startede med at sværge troskab til.

Hvad angår argumentationen i denne tale har jeg udvalgt et

enkelt sted. Dette er fordi denne tale i sin form mere informerer

end den argumenterer. Det er imidlertid klart at jeg her, som i

det andre taler, ikke har muligheden for dybdegående at få

analyseret talernes argumentation. Dette betyder så at

eksemplerne IKKE skal ses som tegn på anekdotisk evidens, men

---

[7] IA nederst

nærmere som interessante eksempler udtrukket fra teksterne.
Dette eksempel ligger meget tidligt i talen og lyder således:

"The world is very different now. For man holds in his mortal hands the power to abolish all forms of human poverty and all forms of human life."[8]

Her har vi et årsags-argument. Der er en **påstand** der siger at verden nu er anderledes. Det bliver bevist med det **belæg** at menneskeheden nu har en magt større end nogensinde. Og **hjemmelen**, som er implicit, siger at det har menneskeheden aldrig haft før. Dette argument er fornuftigt sat ind da det bygger en bro til afsnittet under, som handler om fortiden.

---

[8] IA øverst

10

"Ich bin ein Berliner"

John F. Kennedy, 26. juni 1963.

Efter Anden Verdenskrigs afslutning blev Berlin delt i to blokke – den kapitalistiske i vest, og den kommunistiske i øst. I den første tid var der ikke den store forskel på dem og man kunne frit flytte imellem dem. Imidlertid gjorde den kolde krig, og Sovjetunionens økonomiske tilbagegang, at kontrasten mellem de to blokke blev større. Folk flygtede fra det tilbagestående Østberlin i store tal, og som konsekvens af dette byggede Sovjetunionen i 1961 Berlinmuren. Da USA ønskede, og støttede, et demokratisk Vesttyskland, holdt John F. Kennedy denne tale. Dels for at vise Amerikas støtte, og dels for at give moralsk opbakning til indbyggerne i Vestberlin der var bange for at kommunisterne skulle overtage hele byen[9].

Denne tale er af mange blevet kaldt John F. Kennedys bedste, og det er ikke uden grund. I bogen "Praktisk Retorik" siger professor Kurt Johannessen:

"Det er altså tilhørerne som bestemmer hvor meget og hvilken slags information en tale skal indeholde. Og derfor kan man aldrig bare lire en standardtale af. En tale skal være skræddersyet til præcis dette publikum."[10]

---

[9] PA side 121 øverst

[10] PR side 28 øverst

11

Og skræddersyet er hvad denne tale er. I indledningen skrev jeg
at talen i stor grad var en moralsk opbakning til indbyggerne i
Vestberlin, og dette faktum giver sig til kende igennem hele
talen. Det første man møder er ordet **stolthed.** Det er det tredje
ord i talens begyndelse, det ottende sidste ord i talen, og alt i alt
bliver ordet nævnt fem gange i denne korte tale. Ordet har to
forskellige funktioner i talen. Først og fremmest er ordet
stolthed en klar patosappel, og dette kan også høres på
publikum[11]. Udover dette virker ordet i slutningen af talen også
som en styrkemarkør til den nok vigtigste sætning i talen som
helhed:

*All free men, wherever they may live, are citizens of Berlin, and,
therefore, as a free man, I take **pride** in the words "Ich bin ein
Berliner."*[12]

Før jeg vil uddybe videre omkring den nok vigtigste frase som er
skrevet ovenfor, vil jeg komme med et andet eksempel på den
moralske opbakning som John F. Kennedy giver i denne tale.
Eksemplet hænger på sin vis sammen med brugen af ordet
stolthed, dog er det her en hel sætning i stedet for et enkelt ord:

---

[11] Lydfil findes på samme side som talen

[12] IB nederst

I know of no town, no city, that has been besieged for 18 years that still lives with the vitality and the force, and the hope and the determination of the city of West Berlin."[13]

Dette er igen en patosappel som skal hæve indbyggernes moral, men i stedet for at pege på sin egen **stolthed**, peger han på Vestberlins **vitalitet, styrke, håb** og **målbevidsthed**.

Talens omdrejningspunkt er uden tvivl sætningen *"Ich bin ein Berliner"* som både står i starten og slutningen af talen. Rent teknisk er sætningen den røde tråd mellem indledning og afslutning, og i den sammenhæng vil jeg gerne inddrage et citat fra en anden analyse af talen som står i bogen "Praktisk argumentation":

"Princippet for dispositionen er at indledning og slutning udgør en ramme, hvis tema udvikles i hoveddelen hvor murens betydning gradvis udvides fra det praktiske og nære til det overførte og fjerne, og den skildres i en stigning som det der adskiller familier, Berlin, Tyskland, Europa og til sidst hele kloden. Det gør det muligt for ham i slutningen at vende tilbage til replikken og give den en ny drejning, da vi nu kan forstå hvordan han om sig selv kan sige: Ich bin ein Berliner." [14]

Her bliver det fornuftigt forklaret hvordan at indledningen og afslutningen har en sammenhæng. Hvad angår det

---

[13] IB midt

[14] PA side 121 nederst

mellemliggende omkring muren, vil jeg komme ind på det lidt

længere nede omkring talens andet budskab, men lad os lige

dvæle lidt ved *"Ich bin ein Berliner"*. Jeg har tidligere beskrevet

hvordan John F. Kennedy i denne tale har gjort brug af mange

patosappeller, men ingen er lige så stor som denne. Sætningen

har gjort så stort indtryk på indbyggerne – for ikke at sige hele

verden – at den er blevet husket. Der er så bare ét interessant

spørgsmål man kunne undre sig over: "Ville det have virket lige

så kraftigt hvis det var blevet sagt på engelsk?". Det er et meget

interessant spørgsmål, men også relevant. For John F. Kennedys

tolk ved denne lejlighed skriver i en artikel på CNN at ideen kom

kort tid før at talen skulle holdes:

As we walked up the stairs to the city hall in West Berlin for
Kennedy's major speech, he called me over and asked me to
write on a piece of paper in German, "I am a Berliner." I did, and
when we got to West Berlin Mayor Willy Brandt's office, while
the hundreds of thousands of Berliners were cheering outside,
Kennedy practiced it with me a few times before going out on
the balcony for his historic speech.[15]

Om denne ændring til den tyske udgave havde en indflydelse

over længere sigt vil jeg diskutere senere I bogen, men på dagen

hvor talen blev holdt er jeg helt sikker på at det har haft en

effekt. Det er et trick der bliver brugt af mange talere og

---

[15] TJ nederste halvdel

internationale bands når de står på scenen, som en patosappel til et udenlandsk publikum.

Det næstsidste retoriske værktøj jeg vil vise i denne sammenhæng hedder en amplification, og dette forklares af Helle Hvass i bogen Retorik som: *"forstørrelse af et udtryk ud over det nødvendige. Ses ofte i slutninger"*[16] Der gives et eksempel på det i bogen, og det eksempel vil jeg videregive da det er et udmærket eksempel på amplification:

"So let me ask you as I close, to lift your eyes beyond the dangers of today, to the hopes of tomorrow, beyond the freedom merely of this city of Berlin, or your country of Germany, to the advance of freedom everywhere, beyond the wall to the day of peace with justice, beyond yourselves and ourselves to all mankind."[17]

Talens andet budskab er Amerikas støtte til Berlin og demokratiet overfor den kommunistiske trussel. Her er Berlinmuren selvfølgelig et primært tema, og fra patosappellerne går præsidenten her mere over i en argumentation. I bogen Praktisk Argumentation er der flere eksempler på den argumentation der bliver brugt i talen, og jeg har valgt to ud som kendetegner talen. Her siger John F. Kennedy om det første:

---

[16] RA side 67 nederst

[17] IB nederst

"Freedom has many difficulties and democracy is not perfect, but we have never had to put a wall up to keep our people in, to prevent them from leaving us."

Og bogen gengiver det således: **Påstanden** er at vores demokrati er godt. Og **belægget** er at vi aldrig har været nødt til at rejse en mur. **Hjemmelen** er at en styreform skal respektere folks ret til frihed. Og så er der **gendrivelsen** der siger at frihed er forbundet med mange vanskeligheder og derfor er demokratiet ikke perfekt[18]. Det er sådan set en god analyse, hvor man her kan se at både påstand og hjemmel er implicit og at argumentationen for så vidt fungerer som den skal. Det andet eksempel er det stykke i talen hvor Kennedy bruger epiforen *"Let them come to Berlin."*[19] Her syntes jeg det er mere på sin plads at citere et stykke fra analysen af talen i bogen Praktisk argumentation:

Det er bemærkelsesværdigt at alle fire modsynspunkter gendrives med et og samme argument, hvoraf kun belægget er eksplicit. Ved selv at nævne modsynspunkterne før han uddyber sit eget, svækker Kennedy i overensstemmelse med vaccinationsteorien modtagerens eventuelle modstand. Han får

---

[18] PA side 123 øverst

[19] IB fra starten af talen "There are many people" til "Lass' sie nach Berlin kommen. Let them come to Berlin"

16

samtidigt tilkendegivet at han ikke angriber kommunismen fordi han er stridslysten, men fordi sagens alvor tvinger ham til det.[20]

Her kan man se hvor godt skåret dette stykke af talen er, men det er i denne sammenhæng nødvendigt lige at nævne den *"vaccinationsteori"* der bliver nævnt. Her mener der at man ved hjælp af gendrivelsen 'vaccinerer' sine tilhørere så de allerede kender – og derfor ikke vil blive påvirket – af modargumentet fra modstanderen.

---

[20] PA side 123 andet afsnit fra bunden

"I Have a Dream"

Martin Luther King, 28. august 1963.

I et USA plaget af storpolitiske konflikter var der i denne tid også flere interne problemer. Et af de største var uligheden mellem den sorte og den hvide del af befolkningen, som havde varet ved selv efter ophøret med slaveriet knapt hundrede år før. Præsident Kennedy satte initiativer i gang for at løse problemet og dette førte til " March on Washington for Jobs and Freedom", hvilket var den demonstration hvor Martin Luther King holdt sin tale for harmoni og lighed mellem sorte og hvide amerikanere.

Denne tale kan med rette kaldes et retorisk mesterværk, og det er ikke en tilfældighed at mange kalder den for en af de bedste taler nogensinde. Man ville som retoriker kunne skrive en hel bog omkring denne tale, og derfor vil det ikke blive alle retoriske aspekter der vil blive inddraget her, men kun de vigtigste.

Det første jeg vil påpege er Kings brug af billedsprog – i retorikken kaldet metaforer. Disse bliver brugt utroligt mange gange og her kommer et par eksempler:

"This momentous came decree came as a great beacon light of hope to millions of Negro slaves who had been seared in the flames of withering injustice. It came as a joyous daybreak to end the long night of their captivity."[21]

---

[21] IH andet afsnit fra toppen

18

"... the Negro still lives on a lonely island of poverty in the midst of a vast ocean of material prosperity."[22]

Det sidste eksempel på billedsprog, og nok også det bedste, kommer som de to andre eksempler ret tidligt i talen, og det lyder således:

*"In a sense we've come to our nation's capital to cash a check. When the architects of our republic wrote the magnificent words of the Constitution and the Declaration of Independence, they were signing a promissory note to which every American was to fall heir. This note was a promise that all men, yes, black men as well as white men, would be guaranteed the "unalienable rights" of "Life, Liberty and the pursuit of Happiness." It is obvious today that America has defaulted on this promissory note, insofar as her citizens of colored are concerned. **Instead of honoring this sacred obligation, America has given the Negro people a bad check, a check which has come back marked "insufficient funds.""**[23]*

Her er der ikke nogen tvivl om hvad King mener, og udover selve budskabet, virker dette stykke som en klar patosappel for den sorte del af tilhørerne.

Det næste jeg vil påpege er Martin Luther Kings brug af anaforer. Der er tre tydelige steder i talen hvor der bliver brugt anaforer, og de er placeret taktisk godt. Første gang er hvor King

---

[22] IH tredje afsnit fra toppen

[23] IH fjerde afsnit fra toppen

taler om hvornår de sorte vil være tilfredse og her laver han en

anafor med starten *"We can never be satisfied"* som han nævner

fem gange, hvoraf to af dem er ændret til "We cannot be

satisfied". Han slutter anaforen af med følgende sætning: *"No,*

no, we are not satisfied, and we will not be satisfied until..."[24] .

Den næste jeg vil nævne findes I slutningen af talen hvor han

gentager *"let freedom ring"* otte gange i starten af en linje, og

slutter af med det i slutningen af en linje som var det en epifor.

Det sidste eksempel er uden tvivl det udsagn der er mest

kendt fra talen. Sætningen *"I have a dream"*, fortæller om

Martin Luther Kings visioner om et bedre samfund, og bliver

gentaget i starten af seks sætninger. Imellem disse er placeret to

sætninger hvor King siger *"I have a dream today!"* Disse i alt otte

sætninger bliver braget ud som otte klare patosappeller der

sidder lige hvor de skal sidde.

En ting Martin Luther King også gør meget ud af er at

inddrage citater fra Biblen, samt fra sange. Dette er et retorisk

trick der også er meget brugt, og eksempler på det i denne tale

findes her:

---

[24] IH fjorten afsnit fra toppen

"I have a dream that one day every valley shall be exalted, and every hill and mountain shall be made low, the rough places will be made, and the crooked places will be made straight..."[25]

Hvor der I biblen skrives:

"Hver Dal skal højnes, hvert Bjerg, hver Høj skal sænkes, bakket Land blive fladt og fjældvæg til Slette."[26]

Her kan man trods oversættelsen stadig se den klare hentydning til biblen, og disse hentydninger findes som sagt flere steder i talen. Der bliver også reciteret en strofe fra en amerikansk sang:

"My country 'tis of thee, sweet land of liberty, of thee I sing.
Land where my fathers died, land of the Pilgrim's pride,
From every mountainside, let freedom ring!
And if America is to be a great nation, this must become true"[27]

Det spændende ved brugen af denne strofe er at den har to hatte på. For det første virker den i sig selv som en sikker patosappel[28], og udover dette bliver sætningen *"Let freedom ring"* som sagt brugt i en anafor lige nedenunder. I slutningen af

---

[25] IH en-og-tyvende afsnit fra bunden

[26] BI Esajas's bog 40:4

[27] IH syttende afsnit fra bunden

[28] Her menes det faktum at strofen kommer fra en Negro spiritual som de sorte tilhørere højst sandsynligt kender.

21

talen henviser Martin Luther King også direkte til en Negro spiritual.

Det sidste citat jeg vil vise i denne sammenhæng er meget interessant, da det indeholder flere retoriske værktøjer i én enkelt sætning. Det handler om nedenstående sætning:

*"... when we let it ring from every village and every hamlet, from every state and every city, we will be able to speed up that day when all of God's children, **black men and white men, Jews and Gentiles**, Protestants and Catholics..."*[29]

Her vil jeg mene at der i tilfældene village-hamlet og state-city kan tales om begrebet tautologi, hvilket betyder brugen af større eller mindre synonymer for det samme ord efter hinanden. Den kan virke tynd på grund af forskellen i størrelsen men jeg tror at der er tænkt i disse baner for at give talen effekt. Det andet begreb er antiteser, og det bruger Martin Luther King i den del af ovenstående der er markeret med fed skrift, hvor han sætter direkte modsætninger op mod hinanden. Den sidste med protestanterne og katolikkerne er på grænsen til at kunne komme med som en antitese.

I denne tale finder man ikke den store og tydelige argumentation, da det ikke er meningen med talen at overbevise, men nærmere informere og opildne en

---

[29] IH tredje strofe fra bunden

22

sindsstemning. Dog er der et sted i talen hvor der tydeligvis

bliver argumenteret:

"And there will be neither rest nor tranquility in America until the Negro is granted his citizenship rights. The whirlwinds of revolt will continue to shake the foundations of our nation until the bright day of justice emerges."

Påstanden er at der ikke vil blive ro I Amerika før de sorte får

deres rettigheder. **Belægget** er at oprøret nemlig vil fortsætte

indtil retfærdighedens dag kommer.

"Beretning ved SF's stiftende landsmøde den 15. februar 1959"

Aksel Larsen, 15. februar 1959.

På dette tidspunkt skete der mange ting i dansk indenrigspolitik.

Udover alle de nye tiltag der blev arbejdet på i den sene efterkrigstid med den danske højkonjunktur, var der også ændringer rent partimæssigt. På grund af polariseringen på verdensplan stod DKP[30] for fald, og år efter år blev de mere isolerede og tabte medlemmer. Der måtte gøres noget, og formanden for DKP, Aksel Larsen, dannede det nye parti Socialistisk Folkeparti der stadig var røde, men havde rykket sig væk fra den direkte kommunistiske tilslutning.

Denne tale af Aksel Larsen er ikke fyldt med forskellige retoriske virkemidler rundt omkring for at gøre talen farverig og indbydende. Alligevel er det en god tale hvor man uden at tænke over det nikker genkendende til hans ord. Aksel Larsen har en helt bestemt måde at tale på, og den vil jeg på kort plads prøve at forklare her.

Selvom Aksel Larsen på dette tidspunkt i sin karriere uden tvivl har opbygget et stort etos, arbejder han stadig meget effektivt med at vedligeholde det og måske endda udbygge det. Dette gør han målrettet igennem talen ved hjælp af ganske få midler. Han laver meget lange sætninger som indeholder godt

---

[30] Danmarks Kommunistiske Parti

med fremmedord, og gør i flere afsnit god brug af logosappeller

hvoraf der her er et eksempel på begge:

*"Måske ligger det sådan, at socialdemokratiets absolutte
stemmetal er vokset, men det ændrer ikke det forhold, at
socialdemokratiets procent af de afgivne stemmer er faldet, og
hvad kommunistisk parti angår, er deres stemmetal ustandseligt
gået tilbage, hvilket illustreredes i 1957, da kommunisterne
mistede 2 og socialdemokraterne 4 mandater i folketinget. Man
kan tvistes om, hvor stemmerne gik hen, det kan vel ikke bevises,
selv om venstre er overbevist om – jeg ved det, fordi jeg talte i
Venstres Ungdom forleden – at de 70.000 er gået til dem. Jeg
ved også, at retsforbundet vandt 3 mandater ved sidste valg, lige
som Venstre gjorde det, og Retsforbundet havde en fremgang på
40.000."*[31]

For det første kan det ses at der i dette store citat kun er tre

lange sætninger, og udover det spiller citatet meget på logos –

det er tal og facts der danner grundlag for det Aksel Larsen siger.

En anden ting som Aksel Larsen har valgt at bruge er at læse

op, eller recitere, noget tekst der ikke er hans eget. Det som dog

gør forskellen fra hans måde til den klassiske, er at han ikke gør

det for at skabe en stemning. Han gør det direkte for at kunne

underbygge sine argumenter. Dette kan vises ved citatet her,

som er starten af talen, og lægger op til det der svarer til en hel

sides recitation:

---

[31] BV side 76 nederst

"Hvis jeg ganske kort skal redegøre for de overvejelser, der førte til, at vi tog dette initiativ, ikke at starte et parti, men undersøge behovet for et parti, så tror jeg ikke, jeg kan gøre det bedre end ved at læse nogle linjer op af slutningen af Den Levende vej:"

Her gøres det klart at det at han vil læse op, kort og godt, er den mest hensigtsmæssige måde for ham at komme ud med hans argumenter på. Denne måde at tale på påvirker hele talen, og dette gør at han taler med meget stor autoritet. De fleste afsnit starter med at Aksel Larsen kommer med et statement, og derefter argumenterer for det. Han kan derfor tillade sig nogle gange at skrive "jeg tror", eller "jeg mener," for tilhøreren ved at han kan stole på det der bliver sagt. Når først denne tilstand af etos er opbygget, har Larsen tilhørerne i sin hule hånd, og talen bliver en succes.

Derfor er det naturligvis ikke svært at finde argumentation i denne tale. Det er over det hele, og bare for at give et lille overblik har jeg valgt to forskellige steder ud, som igen hænger sammen i et stort argument. Det er et sted hvor Aksel Larsen fortæller hvad der vil ske hvis et nyt parti kun byggede på medlemmer fra DKP. Her kommer han med to følger, og det første lyder således:

"Den ene vil være, at når man har været medlem af et parti som DKP i mange år, er man blevet opdraget af partiet, i dets politik, dets arbejdsmetoder, dets partijargon, dets måde at tale på og drive agitation på, og så er der jo størst sandsynlighed for, at

26

man vil være tilbøjelig til at tage disse arbejdsmetoder med sig over i et nyt parti."[32]

Påstanden er at man vil være tilbøjelig til at tage sine arbejdsmetoder med over i et nyt parti. **Belægget** er at man er blevet opdraget af partiet til at bruge de arbejdsmetoder. Og den implicitte **hjemmel** er at sådanne vaner hænger ved. Det andet, som kommer umiddelbart efter det ovenstående, lyder:

"Det andet: Kommunistisk parti var et så lille parti, så hvis vort parti skulle kunne leve af det, der fjernede sig fra kommunistisk parti, blev vort parti et endnu mindre parti, og vi er ikke ude efter at lave et lille parti bestående af en hård kerne."[33]

Her er **påstanden** at de ikke ønsker at lave et lille parti med en hård kerne. **Belægget** er at de derfor ikke kun skal have de medlemmer der fjerner sig fra det lille kommunistiske parti. Og **hjemmelen** er at partiet så ville blive endnu mindre hvis de kun fik folk fra DKP.

---

[32] BV side 79 øverst

[33] BV side 79 øverst

"Nytårstalen 1967"

Jens Otto Krag, 1. januar 1967.

Da Statsminister Krag holdt sin nytårstale i år 1967 gik det godt

for Danmark. Det økonomiske opsving der tog sin begyndelse

ved krigens afslutning, havde endnu ikke set sin ende.

Landbrugssamfundet ændredes roligt til et mere industripræget

samfund, men udenfor Danmark var verden imidlertid ikke så

idyllisk. Den bipolare verdensorden blev stadig kraftigere

markeret, og i Asien skabte Vietnam-krigen store problemer. I

denne nytårstale var det netop disse ting som Krag måtte tale

om. Problemerne i Vietnam og i verden, samt den opgave der lå

forude for at holde højkonjunkturen kørende i Danmark.

Denne tale er inddelt som en typisk nytårstale hvilket vil sige at

den i realiteten ikke har nogen indledning og afslutning. Det er

fordi at taleren går i gang med problemerne "lige på og hårdt",

og afslutningen skrumper ind til en allerede kendt remse

indeholdende et godt nytår. Derfor er det vigtigere at se på hvad

statsministeren så faktisk har valgt at tale om, og her kan det

umiddelbart virke interessant. Talen starter nemlig med

udenrigspolitik og fortsætter med dette igennem mere end

halvdelen af hele talen. Derefter kommer et mindre stykke om

international handel med fokus på Danmark, hvilket i slutningen at talen kun efterlader omkring en tredjedel til Danmarks indenrigspolitik.

Denne fordeling syntes unormal for en nytårstale, men det kunne sagtens være en klar hensigt fra Jens Otto Krag at lave denne fordeling. Jens Otto Krags mærkesag var nemlig et stærkt europæisk samarbejde, og på den måde er det naturligvis smart at vinkle talen mod verden frem for Danmark. De emner som han så belyser, er selvfølgelig de to store problemer på denne tid: Vietnam-krigen, og den kolde krig. Disse emner bliver grundigt gennemgået, og det er også her at den mest slående sætning finder sted. Den kommer i starten af talen efter at Krag har fortalt om problemerne i Vietnam:

Måske kan 1967 blive det afgørende år, der bringer en ende på kampene i Vietnam. Lad os håbe det. Det skal i hvert fald være **mit største nytårsønske,** *og jeg tror, alle danske vil dele det."*[34]

Udover selve opdelingen er der en anden spændende ting ved Jens Otto Krags måde at holde denne tale på. Igennem talen bruger han mange fremmedord og synonymer, og i det hele taget har han et meget formelt sprog. Dette er én lang etosappel efter min mening, da denne form for sprogbrug udviser en stærk autoritet. Et andet retorisk trick der underbygger dette, er Krags brug af retoriske spørgsmål. Et eksempel kommer her:

---

[34] NY første fjerdedel

"Der går en smal vej til det brede europæiske marked. Kan Wilson betræde denne vej? Vil Fællesmarkedet – herunder Frankrigs præsident – komme ham i møde? 1967 vil give os svaret."[35]

Med dette menes at statsministeren flere steder i talen stiller et spørgsmål som han så selv besvarer. Det bliver brugt i mange taler, men specielt mange gange i denne nytårstale.

Det eneste sted i talen at Jens Otto Krag ellers er synligt kreativ med hensyn til sit sprogbrug, er i starten af talen hvor han laver nogle små ordspil:

*"**Atter** ved et årsskifte må vi pege på krigen i Vietnam som verdens største uro og bekymring.*
***Atter** er 12 måneder gået med junglekrig, bombardementer, sabotage og overfald. Ingen af vore håb fra sidste nytår har båret frugt. **Flere og flere** menneskeliv er gået tabt. **Større og større** værdier er lagt øde. Kampene er blevet stadig hårdere."[36]*

Her kan man se at der i ordene markeret med fed skrift er gentagelser, for at give stykket større effekt.

Argumentationsmæssigt er der nok at tage fat på, da talen har dette meget alvorlige præg. Jeg har valgt to eksempler der

---

[35] NY lige under midten af talen

[36] NY starten af talen

30

viser den argumentation som Jens Otto Krag bruger. Første eksempel er hvor der bliver snakket om international handel:

" Vi håber, at den britiske premierministers rundrejse til de seks landes hovedstæder i januar og februar vil bære frugt. Det er Europas interesse. Det er Danmarks interesse. Vor landbrugseksport mod syd lider."[37]

Dette argument kan opfattes på to måder. Man kan opfatte det som et klassisk argument hvor man har en **påstand** der siger at Danmarks landbrugseksport lider. **Belægget** er at vi håber premierministerens rejse vil lykkedes. Og derfor er **hjemmelen** at det er Danmarks interesse at rejsen bærer frugt. Og sidst finder man **rygdækning** da det også er Europas interesse. Den anden måde man kan vinkle dette argument er ved at se på det som et argument med to hjemmeler og ingen rygdækning. Dette kan forsvares da Jens Otto Krag uden problemer vil ligestille Europas interesser med Danmarks, og herved gøre Danmarks eksportproblem til hele Europas.

Det andet argument lyder således:

"Hvem kan være interesseret i en langvarig arbejdskamp? Det er hverken arbejdsgivere eller arbejdere. Hvis vi ikke kan forsyne de udenlandske markeder med danske eksportvarer på grund af

---

[37] NY lige under midten af talen

31

konflikt, står andre parat – og hvad her ved tabes for os, kan ikke genvindes."[38]

Ved et argument som dette hvor man gerne vil sætte tingene i perspektiv, er det godt at starte med et retorisk spørgsmål. Efter dette kommer der en **påstand** der siger at hverken arbejdere eller arbejdsgivere er interesseret i en langvarig arbejdskamp. Det bliver underbygget af **belægget** som siger at vi vil miste vores eksportgrundlag hvis der kommer en konflikt. Og da **hjemmelen** siger at det vi taber ikke kan genvindes, bliver påstand og belæg kædet sammen.

---

[38] NY slutningen af talen

32

Talernes evne til at formidle deres budskaber samt betydning for eftertiden

Alle de fire talere fra foregående analyse er kendt for deres retoriske kunnen, og er husket i eftertiden. Det er imidlertid på forskelligt grundlag at de bliver husket, og det vil jeg prøve at forklare ud fra analysen.

John F. Kennedy:

I de to taler jeg har analyseret af Kennedy er der mange ting der går igen. Der er en stor brug af forskellige retoriske værktøjer, og jeg mener at de bliver brugt godt. I tiltrædelsestalen så vel som i Berlin-talen bruger han patosappellen til at møde sit publikum og skabe den atmosfære der er nødvendig for at hans budskab kommer til at skinne ordentligt igennem. Bare dette ene faktum betyder meget for spørgsmålet om hvorvidt budskabet kommer ud, for her fanger han publikum, og de ønsker nu virkelig at høre hvad han har at sige. Udover dette taler han i begge taler med et meget forståeligt sprog der er formelt uden at være uforståeligt, og på den måde går hans budskab også rent igennem. Den sidste ting der reelt vil kunne svække hans taler er hvis publikum skulle blive ukoncentrerede i løbet af talen. Dette afhjælper han ved at holde talerne farverige og interessante ved den hyppige brug af retoriske tricks.

Hvis man skal snakke om John F. Kennedys betydning for eftertiden igennem disse taler er der meget at tage fat på. Men

33

som jeg lovede tidligere i analysen vil jeg tage sætningen "Ich bin
ein Berliner" op til overvejelse. For hvis denne sætning – der er
den mest kendte fra Kennedy – blev sagt på engelsk som det
reelt set var meningen, var talen nok blevet husket lidt
anderledes. På den ane side ville talen stadig være et
skoleeksempel på retorik da det ikke kun er denne sætning der
bærer hele talen, men den ville efter min mening ikke være lige
så kendt. Dette er fordi at Kennedys tyske frase skildte sig så
meget ud at den gik jorden rundt, og sidder klart bag en hver
retorikers nethinde.

Udover at blive hyldet som en af de bedste retorikere
nogensinde gjorde John F. Kennedy sig også bemærket som en
vellidt præsident med mange tiltag.

Martin Luther King:

Inde på internetsiden American Rhetoric hvor jeg har fundet
denne tale, ligger den som nummer 1 på ranglisten over sidens
bedste taler[39] – jeg er enig. Før jeg læste talen syntes jeg det var
lidt overdrevet at man kunne tale om en "retorikkens mester"
som bare kunne tryllebinde mennesker – jeg blev klogere.
Denne tale indeholder alt hvad jeg mener at en gennemført tale
burde indeholde. Dette kan jeg forsvare da der vitterligt er noget
for enhver smag, og man ikke bliver ukoncentreret selvom talen

---

[39] Dette var i hvert fald tilfældet da jeg besøgte hjemmesiden.

varer over et kvarter[40]! Skal man direkte tale om Kings evne til at formidle sit budskab er der en lille sjov ting man gerne må have in mente. Det er at King udover politisk forkæmper for det sorte også var baptist præst, og hans tale kan godt bære præg af en sådan prædiken. Jeg tror ikke at der har været nogen politisk taler siden King der har talt lige så godt, og det vil jeg gerne forsvare ved at henvise til min analyse. Og jeg vil beholde mit synspunkt indtil der kommer en person med en tale der indeholder mere fornuftig retorik, og som mange eksperter dømmer bedre.

Det at Martin Luther King har haft denne gave havde stor betydning for hans arbejde som forkæmper. Jeg er sikker på – uden tvivl – at rettighederne for den sorte del af USA's befolkning er kommet hurtigere med Kings taler. Selvfølgelig ville de have kommet alligevel, og der var sket en ændring i amerikansk mentalitet, men processen blev skubbet hurtigere fremad.

Aksel Larsen:

Selvom talen af Aksel Larsen er lidt anderledes de andre jfr. det jeg skrev i indledningen, så mener jeg stadig at den er brugbar i disse overvejelser. For sammenligner man de amerikanske taler

---

[40] Dette ved jeg da jeg har hørt en lydudgave af talen på hjemmesiden.

med denne, finder man ud af at de to amerikanske taler siger *få* ting med *stor* kraft, hvor Aksel Larsen vælger at sige *mange* ting med en *mindre* effekt. Dette kan også være en god ting, men da det er nogle meget lange og svære sætninger som Larsen benytter sig af, er der meget der for den gennemsnitlige tilhører der vil gå tabt. Dette er selvfølgelig fordi at det er en tale og tilhørerne jo derfor ikke bare læse et afsnit igen hvis de bliver forvirrede. Til gengæld opnår Aksel Larsen igennem talen et højt etos hvilket betyder at tilhørerne har tillid til ham, og modtager hans budskab positivt.

Hvis denne tale blev holdt for en folkeskare i stedet for politisk delegerede ville den ikke få den samme positive effekt, dog vil jeg stadig holde det til Larsens fordel da han bare har tilrettet talen til det publikum han skulle tale for. Derfor kan man sige dette: Aksel Larsen kommer udmærket ud med sit budskab, selvom der går noget tabt i de snørklede sætninger. Aksel Larsen har haft stor betydning inden for dansk politik i eftertiden, men det har været grundet hans politiske taktikker. Hans arbejde i DKP og stiftelsen af SF mener jeg ikke er blevet yderligt forbedret pga. hans retoriske evner i denne tale, men han vil blive husket for sit arbejde.

Jens Otto Krag:

Som sagt var Jens Otto Krags mærkesag et stærkt europæisk
samarbejde, og det er efter min mening det som han vil præge
befolkningen med indirekte i denne tale. Direkte er der
imidlertid en masse ting der skal tales om - som det jo er en
nytårstale vanligt. Begge disse ting syntes jeg at Krag klarer
ganske udmærket, for selvom han bruger et formelt sprog uden
de store retoriske virkemidler, formår han at gøre talen
spændende – meget af dette kan man takke de indlagte
retoriske spørgsmål for.

Derfor mener jeg med rette at kunne sige at både det direkte
og det indirekte budskab kommer flot igennem, dog med et
enkelt lille 'men'. Her hentyder jeg til den del af talen der
koncentrerer sig om Danmarks indenrigspolitik, hvor jeg syntes
at den bliver lige lovligt tør, forstået på den måde at talen her
går over i kolde politiske facts. Her kunne Jens Otto Krag måske
have løsnet lidt op i paragrafferne og brugt nogle retoriske
virkemidler for at være sikker på at holde fokus fra tilhørerne.

Ved spørgsmålet om hvorvidt Jens Otto Krag har haft
betydning for eftertiden, ved hjælp af denne tale, er svaret
åbenlyst. Den var en af de store drivkræfter der gjorde at vi blev
medlem af EF i 1972, selvfølgelig som en af flere ting. For denne
tale har helt sikkert været én ud af en perlekæde af taler der

prøvede at gøre danskerne internationale. Og udover dette skal det huskes at han var en glimrende politiker.

Moderne politisk retorik

For at få et fornuftigt indblik i den retorik der føres i dag, har jeg valgt kort at kigge på to taler der kan sammenlignes med noget af opgavens tidligere arbejde. Jeg har for det første valgt at kigge på Mogens Lykketofts afgangstale fra april 2005 – der som Aksel Larsens tale også primært er sigtet til politiske fæller. Og jeg har valgt at kigge på Anders Fogh Rasmussens nytårstale fra 2006. Selvom disse to taler burde være vidt forskellige er de tvært imod meget ens på punkterne der angår brug af retoriske tricks, og et let og forståeligt sprog.

Mogens Lykketofts tale gør brug af anaforer, ordspil, citation fra tidligere skrifter, og så gør han brug af statements hvor jeg gerne vil vise to eksempler:

"Tænk at Johannes Poul II kun var et år yngre end jeg er nu, da han blev valgt til pave. Han fik 27 gode og aktive år i sit nye arbejde.
Og nu har vi lige set, at man kan blive pave så sent som i 78 års alderen.
Jeg vil ikke være pave.
Men jeg vil stadig yde en indsats."[41]

"Generationsspringet betyder skift i stil og tilgang – og jeg forstår, respekterer det og forventer mig stor gevinst for Socialdemokratiet af det.

---

[41] AF starten af talen

Do it your way."[42]

Disse to statements er kendetegnende for hele talen da de viser

talens to budskaber, og viser det gode retoriske sprog Lykketoft

bruger i denne tale. Argumentationsmæssigt er denne tale

lettere at tyde end nogen af de foregående. Hans måde at bruge

argumentation på er ligetil, og han gør meget brug af

motivationsargumenter hvilket jo passer perfekt til lejligheden.

Kigger vi på Anders Fogh Rasmussens tale ser vi som sagt også

mange retoriske tricks. I denne tale bliver der blandt andet gjort

brug af allitteration ("frihed, fred og fremgang"[43]), anaforer og

igen som ved Lykketoft: statements. Her vil jeg nøjes med et

enkelt eksempel der til gengæld er essensen af talen:

*"Lad os stå sammen om et samfund, hvor der er frihed til
forskellighed. Og et samfund, hvor der er et stærkt fællesskab
om grundlæggende værdier.
Et Danmark, som ikke blot har en stærk konkurrencekraft. Men
også en stærk sammenhængskraft."[44]*

Dette er afslutningen af talen og det vigtigste budskab for

Danmark i det kommende år. Og så vil jeg lige forsvare hvad jeg

sagde tidligere omkring Krags opdeling af sin nytårstale. Selvom

---

[42] AF midten af talen

[43] NT starten af talen

[44] NT slutningen af talen

Anders Fogh Rasmussen også er internationalt anlagt er han det ikke i nær så høj grad som Jens Otto Krag, og derfor er inddelingen i denne tale også vendt på hovedet – en tredjedel til udenrigspolitik, to tredjedele til indenrigspolitik. Til sidst er Anders Fogh Rasmussen også kendt som en person med god argumentation, og det bestrider denne tale ikke. Anders Fogh Rasmussens store etos gør at han laver en autoritets- argumentation hvor han bruger sig selv som autoritet. Dette kan være farligt at gøre, men hvis det virker på rette vis, vil han fremstå som en endnu stærkere frontfigur – og for at vende blikket mod USA er dette også en tendens der kan ses hos siddende præsident George W. Bush.

Som en samlet perspektivering på dette arbejde syntes jeg man kan slå et par ting fast. På den amerikanske front er retorikken blevet vedligeholdt og virker som i 60'erne, bare knapt så prangende. I Danmark er der imidlertid sket en radikal ændring på den måde retorikken bliver brugt, hvor jeg personligt mener den er blevet bedre. Med disse to observationer in mente må man nå frem til dette: Retorikken lever i bedste velgående, og det go'e gamle tricks virker endnu.

Afslutning

Både i USA og i Danmark blev retorikken brugt flittigt i

1960'erne. De amerikanske talere gjorde meget ud af at bruge

retoriske virkemidler for at gøre deres taler levende, men også

for at få deres budskab tydeligere igennem. De danske talere

gjorde derimod brug af et mere alvorligt og formelt sprog hvilket

styrkede deres etos som talere, og derigennem fik folk til at

modtage deres budskab lettere. Det betyder ikke at de danske

talere derfor var bagud i deres retoriske kunnen, men nærmere

at de valgte at lægge fokus på andre væsentlige punkter. For

hvor de amerikanske taler er kendetegnet ved få budskaber der

bliver belyst meget klart og farverigt, er de danske taler mere

afdæmpede, men kommer til gengæld ud med mere på samme

taletid. Derfor kan man, i den forstand, ikke sige at noget retorik

er bedre end andet, men at man kan tilpasse retorikken til

situationen og derved gøre den god. Det har disse talere været

gode til, og det er også primært derfor at talerne er blevet

husket for eftertiden, selvom der også er andre forklaringer på

det. I dag har brugen af retorik ændret sig, men mest for

danskernes vedkommende. Der bliver brugt flere retoriske

tricks, og der bliver skruet ned for det stramme, formelle sprog.

Herved kommer den amerikanske og den danske politiske

retorik til at ligne hinanden, og den er kendetegnet ved et

forståeligt sprog samt et sprog med brug af masser af retoriske virkemidler.

Litteraturhenvisninger

I bogen er følgende forkortelser brugt om følgende tekster i alfabetisk rækkefølge:

AF: Lykketoft, Mogens: *Afskedstale.*

BI: Det danske bibelselskab: *Bibelen.*

BV: Larsen, Aksel: *Beretning ved SFs stiftende landsmøde den 15. februar 1959.*

IA: Kennedy, John Fitzgerald: *Inaugural Address.*

IB: Kennedy, John Fitzgerald: *Ich bin ein Berliner.*

IH: King, Martin Luther: *I Have a Dream.*

NT: Rasmussen, Anders Fogh: *Nytårstale 2006.*

NY: Krag, Jens Otto: *Nytårstale 1967.*

PA: Jørgensen, Charlotte og Onsberg, Merete: *Praktisk argumentation.*

PR: Johanneson, Kurt: *Praktisk retorik, 10 lektioner i kunsten at overbevise.*

RA: Hvass, Helle: *Retorik – at lære mundtlig fremstilling.*

TJ: Lochner, Robert H: *Teaching JFK German.*

Litteratur i bogform:

Det danske bibelselskab: *Bibelen*, FR. Bagges Kgl. Hofbogtrykkeri, København, 1944

(Autoriseret oversættelse af 16. december 1931)

Hvass, Helle: *Retorik – at lære mundtlig fremstilling*, Gyldendal, 2003

Johannesen, Kurt: *Praktisk retorik, 10 lektioner i kunsten at overbevise*, Retorikforlaget, 2006

Jørgensen, Charlotte og Onsberg, Merete: *Praktisk argumentation*, Teknisk Forlag, 1999

Larsen, Aksel: "Beretning ved SFs stiftende landsmøde den 15. februar 1959" i *Folkesocialisme*, SP-Bladforlag, 1977

Litteratur fra Internettet:

Kennedy, John Fitzgerald: *Inaugural Address*, http://www.americanrhetoric.com/speeches/jfkinaugural.htm transkripteret af: American Rhetoric, besøgt d. 25. november 2007

Kennedy, John Fitzgerald: *Ich bin ein Berliner*, http://www.americanrhetoric.com/speeches/jfkberliner.html transkripteret af: American Rhetoric, besøgt d. 25. november 2007

King, Martin Luther: *I Have a Dream,*

http://www.americanrhetoric.com/speeches/

mlkihaveadream.htm

besøgt d. 25. november 2007

Krag, Jens Otto: *Nytårstale 1967,*

http://www.dansketaler.dk/tale_print.lasso?tale_id=283

Transkripteret af: Danske Taler, besøgt d. 25. november 2007

Lochner, Robert H: *Teaching JFK German,*

http://www.cnn.com/SPECIALS/cold.war/episodes/09/reflection

s/

Vist på CNNs "Cold War"-sider, besøgt d. 25. November 2007

Lykketoft, Mogens: *Afskedstale,*

http://www.dansketaler.dk/tale_print.lasso?tale_id=347

Transkripteret af: Danske Taler, besøgt d. 25. november 2007

Rasmussen, Anders Fogh: *Nytårstale 2006,*

http://www.dansketaler.dk/tale_print.lasso?tale_id=366

Transkripteret af: Danske Taler, besøgt d. 25. november 2007

Efterskrift

De fleste læsere vil nok bemærke at bogen er skrevet med en bestemt skrivestil. Det er fordi at teksten originalt set var min studieretningsopgave (den store opgave i det almene gymnasium) som jeg skrev i 2007-2008. Opgaven blev belønnet med et 12-tal. Jeg syntes dog det er på sin plads at skrive at bogen ikke er forfattet af en ekspert eller professor, men af en ung ildsjæl med stor interesse i det givne emne. Jeg mener så bestemt at bogen i sin helhed er udmærket og uden de store 'brølere'. Skulle der imidlertid være en læser der mener at jeg er helt galt på den, så skriv endelig til mig så det kan blive ændret til næste oplag. Håber du har nydt bogen.

Jesper Benjamin Ostersen

Noter